„sprich nur ein wort,
so wird meine seele gesund"
(Matthäus 8:8)

Jo Schäfer, Jörg Böhme
[Hrsg.]

*gebeten, sein
und bleiben*

Bibliografische Information
der Deutschen Nationalbibliothek:
Die Deutsche Nationalbibliothek verzeichnet diese Publikation
in der Deutschen Nationalbibliografie; detaillierte bibliografische
Daten sind im Internet über http://dnb.dnb.de abrufbar.

kein © 2016
Herausgeber: Jo Schäfer, Jörg Böhme
Gestaltung: Jo Schäfer
Umschlagfoto: Beate Wand
Herstellung, Verlag: BoD – Books on Demand, Norderstedt
ISBN: 978-3-7431-6398-0

einklang

ein gebet   11

innenklang

wenn du betest   15
gelichtet   16
von angesicht zu angesicht   17
eine kapelle bauen   18
ein wehen   20
am abgrund   21
sich dem staub zuneigen   22
reinheit im herzen   23
wach sein   24
demutigkeit   25
demut   26
nicht mehr zu retten   27
die ganze litanei   28
dämonen   31
ehrfurcht   32
frieden   33
zwei arten des schweigens   34
was zum hören gehört   35
in der wüste   36
die wahrheit der wüste   37
trockenzeit   38
wüstenwind   39
außer rand und band   40

aus tiefster not   41
im neben   42
an der quelle   44
achtsam   45
der weg zur quelle   46
den tag meistern   47
was ist gott?   48
alles ist gott   50
helles blau   51
gott ist kristallisationen   52
hingabe an gott   53
gott –   54
bilder   55
dem bleibenden   56
das gebet des tages   57
so oder so   58
hinhalten   59
was ist körper?   60
lebendig   61
der vorüber geht   62
schutzmantel   63
klungen   64
mit dir tanzen meine füße   65
hinaufgegangen   66
der garten   67
nachtwache   68
keine zwischenwelt   70
tief in der nacht   71
längst bevor   72
ohne dich   73

umgang mit dämonen   74
warum ist das lamm ein hirte   75
jeden tag   76
rede mit mir!   77
nach der auferstehung   78
ich höre die bitten noch heute   79
auf-recht-stehen   80
unkariert   82
inmitten von lärm   83
ein lebensgesetz   84
da sein   86
kleines licht   87
tiefer als zuvor   88
singen   90
dank tausend mal   91
meer der seele   92
sonne atmen   94
es klopft   96

ausklang

ich bin ein gebet   99

in gedenken an
jörg böhme

einklang

ein gebet

dieses leben
ist ein gebet

ich halte es
in den wind

es atmet ein, es atmet aus
lacht, weint

scheint mit der sonne
und regnet

ich halte es
in den wind

dieses gebet
das ich bin.

innenklang

wenn du betest

wenn du schreist
sprengst du die schlösser aller sinnestore

wenn du weinst und seufzt und bittest
benetzt du die wüste mit regen

wenn du dankst
streust du samen auf das herzfeld

wenn du tanzt und lachst und springst
wirfst du sonnenstrahlen auf alle gewächse

wenn du still lauschst
öffnest du die fenster zum himmel

und den fels für die quelle
wenn du die stirn neigst

wenn du betest
verändert sich die welt.

gelichtet

der himmel
ist mein meister

er lehrt mich
das wesentliche:

weite und klarheit
am tag

und das licht der sterne
in der nacht

er leuchtet mir
er klärt mich

er hellt mich blau
bis das denken schweigt

in der stille der dunkelheit
höre ich ihn –

ich lichte mich
ich weite mich

und erblaue.

von angesicht zu angesicht

von angesicht zu angesicht
von himmel zu mensch
nur stille und lauterkeit

von auge zu auge
der wind auf dem berg
von helle und zärtlichkeit

von herz zu herz
ein blauer blumengarten
wurzelt sich tief hinein

von flug zu flug
ein alabasterner albatros
schwebt durch felsengestein

von geist zu geist
kein einziger engel
kein wort, kein gedicht

nur saphirfarbnes licht
bleibt barfuß im herzen
von angesicht zu angesicht.

eine kapelle bauen

eine kapelle bauen
aus himmel und rosen
und schatten in der mittagssonne

eine kapelle aus sternen
und kerzenflammen
in der mitte der nacht

eine kapelle am morgen
mit sonnenaufgang
zum niederwerfen und verneigen

eine kapelle am abend
im milder werdenden licht
zum ruhen und danken

eine kapelle bauen
aus all den winden
und meereslüften

aus früchten und leben
liebenden bäumen
und blühenden gärten

aus atmendem frieden
aus freiheit und stille
und nächtlichem gesang

aus kerzenflammen
und himmel und rosen
eine kapelle bauen.

ein wehen

im sinn
der wind

das wehen
behutsam

rühren die sinne
ans tor.

am abgrund

ich stehe an einem abgrund
vor mir himmelweites
blaues meer

es ist zeit
hineinzuspringen
sich aufzulösen in der weite
und himmel zu sein

es ist zeit
stehenzubleiben
als feuer der nacht
den wegen zu leuchten

es ist zeit
zurückzugehen
und der welt ein herz zu sein
als kind der demut

ich stehe an dem abgrund
inmitten aller welten
aus himmelslicht ein kind

ich springe, fliege, löse mich
hinein ins bleiben, still
geht die demut

in den abgrund ein.

sich dem staub zuneigen

ohnmächtig erleben wir uns dann
wenn wir noch immer nicht
vom mächtigseinwollen lassen

bedroht fühlen wir uns dann
wenn wir noch immer nicht
sterben wollen

zu staub zerfallen wir dann
wenn wir noch immer nicht
zu staub geworden sind

gedemütigt fühlen wir uns dann
wenn wir noch immer nicht
demütig sind

gefangen sind wir dann
wenn wir noch immer nicht
uns frei-willig sehen

frei von ohnmacht und macht
von bedrohung und todesangst
von erniedrigung und staub

sind wir, wenn wir aus freiem willen
die stirn zu boden neigen
und dem staub die ehre geben.

reinheit im herzen

armut tut weh
wenn die hände leer sind

und da nichts ist
was zu schenken wäre

dem geliebten kind:
kein brot, kein spiel, kein lachen

armut, die demut lehrt
tut weh

und mit der demut
lässt sie sich verschenken

rein und unschuldig
wie ein kind:

die wahrheit
des schmerzes.

wach sein

wach sein heißt
nicht mehr zu hadern
mit dem, was als schicksal benannt
das leben ergibt

wach sein heißt
nicht verstört zu werden
nicht einen augenblick lang
ob der schmerzenden lage

wach sein heißt
dem herzen treu zu sein
das die weisung gibt
wie das leben zu lernen sei

wach sein heißt
wissend sein im nichtwissen
und statt etwas zu wissen glauben
den eigenwillen aufzugeben

wach sein heißt
einzig dem herz zu folgen
das durch nebel und wolken
den hörenden bleibt.

demutigkeit

die demut wächst
mit den morgensonnen
ins paradies der hingegebenen

was wäre der tag
ohne die sanften flügel
der demutig geneigten

    wie schwerer nebel
    stehen sie verstummt
    die wirren stunden
    denen kein antlitz der helleren
    gestalten weht

mit jedem sonnengesang
demutigkeit zu atmen
in haut und lungenhaaren

lässt sie wachsen, die demut
zu diesem einen himmel
von morgen zu morgen.

demut

demut ist
nicht katzbuckeln
und nicht kriechertum

demut ist
mehr ein hinneigen
als ein verneigen

demut ist
mehr ein hingeben
als ein hinnehmen

demut ist
mehr ein hell lauschen
als ein schönreden

demut ist anmutig
hingeneigt und hingegeben
lauschende helle.

nicht mehr zu retten

was ich tue
tue ich nicht mehr
die menschheit zu retten

was ich tue
ist dem einen zu dienen
vor, neben, in mir

was ich tue
ist zu fragen, was dient
und hinzuhalten das dienende

was ich tue
ist hören und beten
zuhören, berühren

was ich tue
ist mutmachen
erinnern, bezeugen

was ich tue
ist einüben die lebendigkeit
die menschlichkeit

auf dass niemand mehr
zu retten sein muss
in allem menschsein.

eine ganze litanei

wenn ich schimpfe
höre ich auf zu beten

wenn ich schlage
höre ich auf zu beten

wenn ich hasse
höre ich auf zu beten

wenn ich fluche
höre ich auf zu beten

wenn ich mich quäle
höre ich auf zu beten

wenn ich die lage anders haben will
höre ich auf zu beten

wenn ich mir sorgen mache
höre ich auf zu beten

wenn ich ins grübeln verfalle
höre ich auf zu beten

wenn ich urteile
höre ich auf zu beten

wenn ich berechne
höre ich auf zu beten

wenn ich einen plan mache
höre ich auf zu beten

wenn ich zweifle
höre ich auf zu beten

wenn ich beharre
höre ich auf zu beten

wenn ich besserwisse
höre ich auf zu beten

wenn ich wegschaue
höre ich auf zu beten

wenn ich erwarte
höre ich auf zu beten

wenn ich tagträume
höre ich auf zu beten

wenn ich bewundere
höre ich auf zu beten

es ist eine ganze litanei
die vom leben abhält

wenn ich aufhöre zu beten
und um tränen zu bitten

und das herz keine chance hat
sich gehör zu verschaffen

höre ich auf zu leben.

dämonen

ich habe heute
den dämonen
die liebe erklärt

sie haben angst
die dämonen
vor der liebe

also habe ich
der angst
die liebe erklärt

in ihrer angst
haben nun
die dämonen
eine geliebte angst

und haben mehr liebe
als wenn ich heute
den dämonen
die liebe erklärte.

ehrfurcht

auch ehrfurcht
ist eine sprache der angst

eine sache für höher zu halten
als eine andere

einen menschen, einen gedanken
einen gott zu fürchten

und so einen unterschied zu machen
zwischen diesem und jenem

einem verehrungswürdigen dort
und einem weniger würdigen hier

statt sich jedem leben
furchtlos, würdelos hinzugeben

und alles gleichermaßen
zu ehren, zu achten

frei von angst
sich hinzuneigen

und schlicht zu bleiben
in allen möglichkeiten.

frieden

frieden ist
dass ich sein darf
wie ich bin

ohne dass mich
jemand anders
haben möchte

ohne dass ich
mich anders
haben möchte.

zwei arten des schweigens

das eine schweigen verbirgt
und das andere offenbart

das eine quält und verstummt
das andere beruhigt und heilt

das eine schweigen verschweigt
und das andere redet still

so bleibt nur

dem stimmlosen zu lauschen
was es zu sagen hat.

was zum hören gehört

zum hören gehört
nicht nur das hinhören
zuhören, hineinhören
in ge-hor-samkeit

zum hören gehört
auch das ausprobieren
des klangkörpers mensch
in rhythmus und melodie

und entfalten lassen
das unhörbare in alles
was gehört werden kann
gehört zum hören.

in der wüste

bis auf die knochenmarkhaut
splitterfasernackt

steht da ein mensch
in der wüste

schreit nicht, staunt nicht
wittert nur

dass beten leben ist
und leben beten.

die wahrheit der wüste

das problem an der wahrheit
ist, dass sie wahr ist

dass der schmerz schmerz ist
und dass er wieder kommt

dass die mücken nachts sirren
und die gnitzen stechen

dass die fliegen auf der wunde
beißende fliegen sind

dass kälte kälte ist
dass hitze drückt und drückt

und dass eine tropendepression
eine tropendepression ist

das problem an der wahrheit
ist, dass sie schmerzt

dass der tag wirr ist
und die nacht ohne schlaf

das ist wahrheit der wüste
in den tagen der glühenden steine.

trockenzeit

den glauben ausdörren
die hoffnung verbrennen

in der wüste trockenzeit
und in der nacht

die sehnsucht, dass die liebe
nicht auch noch erkalte.

wüstenwind

der wüstenwind
glüht die gedanken-
drähte hindurch

im schatten ruhen
zu lernen
statt nachzudenken

welch eine herausforderung
für jene, die denken
gelernt haben

als lebensaufgabe
die notwendig ist
zum überleben

es dreht die drähte
hindurch und durch
statt leben zu lassen

das ruhende
im milderen schatten
der wüstenzeit.

außer rand und band

mit den böen
wehen die nerven davon

fegen hinweg
über sonne und sand

rollen und toben
mit dornen und sträuchern

straucheln und stolpern
von wand zu wand

gluten versengen
haut und asche

und alles ist
außer rand und band

wenn die wüsten
winden über das land.

aus tiefster not

wenn der lebensstrom sich verquirlt
und mitten im strudel
kein woher, kein wohin
nur nerven, die sich dann und wann
in tränen bahn brechen
statt die umstände zu ermorden

was hilft da der schrei
aus tiefster not?

nicht sich selbst zu ermorden
im aushalten der umstände
sondern das herz dem menschen zu öffnen
der den strudel zu hören vermag
und sehen kann, wo das leben atmet
das noch nicht erstickt ist.

im neben

wenn das herz
neben dem ort schlägt
an dem es wohnt

und das gleichgewicht
sich aus dem takt
in tränen ergießt

braucht es ein singen
ein seufzen und fließen
lassen des ungewichten

wenn das herz
neben der spur schlägt
die den weg weist

un der lebensstrom
in wolkenden gedanken
staub wirbelt

braucht es die tränen
die den gedörrten durst
tränken und milden

wenn das herz
galoppiert und rast und schreckt
verstockt und versteinert

und keinen ort der ruhe
weder weg noch weisung
noch leben kennt

braucht es den sanften
mut der liebenden wesen
die dem herzen atmen.

an der quelle

der einzige mut
den ich trinke
ist demut

hellmütig
klarmütig, wahrmütig
freimütig

zu bekennen
dass außer der quelle
nichts ist

wo ein durst
zu löschen wäre
und so trinke ich

die demut
der schlichten, reinen
herzenstränen.

achtsam

auch der skorpion
geht zur quelle

ich laufe barfuß
ihn nicht zu zertreten

zart sind wir beide
im leben.

der weg zur quelle

die quelle lehrt das leben
die wüste lehrt das leben

in der stille bin ich stille
unterm himmel bin ich himmel

das herz ist ein stern
es leuchtet in der nacht

den weg zur quelle.

den tag meistern

atmen – diesen einen tag
sich dem meisterhimmel neigen
sich der meisterquelle neigen
sich den meisterbäumen neigen
all diesen hellen lichtgestalten

sich hinneigen dem atmenden
klang des zarten und lauschen
den anvertrauten kräften
den anvertrauten ohren
augen, händen, tagen

das geben, nehmen, lassen
als hineinfließendes leben
dem staunenden herzen hinhalten
und so den weg des atmenden
von tag zu tag meistern.

was ist gott?

du sagst:
gott ist

wenn jeder mensch
ein gutes herz hat

also –

wenn ich
ein gutes herz habe

wenn ich es wirklich übe
und alles dabei gebe

wenn ich nicht nur mensch bin
sondern auch herz

und eine herberge
für das gute

und ich es offen halte
dieses haus

so dass jeder mensch
darin wohnen kann

ausnahmslos

dann hat jeder mensch
ein gutes herz

also
ist gott.

alles ist gott

alles ist gott
alles – jeder atemzug
ist gebet des einen

im einen ist alles
gott und ist angst
und die flucht ist gebet

des einen ist
vieles an möglichkeiten
und atmet

mit jedem
wirren gedanken erneut
das eine gott.

helles blau

erwachende helle
in atmender stille

und lichte klarheit
wo himmel sich weitet

im blau des herzens
hellt dem erwachenden

der morgen.

gott ist kristallisationen

gott ist ein betonfußboden
alle knochen sind darauf zerschmettert
alle illusionen

gott ist eine weiße wand
an der gedankengut zerschellt
und alle bildvisionen

gott ist blauer weiter himmel
alle wolken lösen sich darin
zu eiskristallionen

gott ist fuß und weit und wand
und alles lösen, alles nichten
alles kristallisationen.

hingabe an gott

hingabe an gott
habe ich gelebt

bis gott sich auflöste
vor meinen augen

und keine hingabe mehr
zu füßen geschah

wohin also geben
das einmal geöffnete

herz

hinein in den tag
den neuen jeden

der alles von gott
ohne angesicht offenbart.

gott –

kein sonnenuntergang
kein sonnenaufgang

kein regenbogen
kein sternenzelt

kein gewitterguss
kein himmelsblau

nacht. finstere nacht

tiefe nacht
stille nacht
heilige nacht

heilend

hier und jetzt
geheimnis der dunkelheit
gott.

bilder

wenn ich ein bild für gott hätte
nur einen einzigen namen, wäre es: DU

wenn ich ein bild für gott hätte
nur einen einzigen namen, wäre es: UND

wenn ich ein bild für gott hätte
nur einen einzigen namen, wäre es: ICH

wenn ich ein bild für gott hätte
wäre es dieses viele, das eines ist

das eine DU UND ICH

eine quelle, aus der ich schöpfe
bilder und namen in fülle

bis namenlose
bildlose stille

mich quelle
quelle sein lässt.

dem bleibenden

nicht die beine in die hand nehmen
und auch nicht die hufe hochreißen

weder die flucht ergreifen
noch auf der strecke bleiben

sondern hände und beine geben
hingeben, dem niederreißenden

und nicht nur flüchtig ergriffen
sich hinstrecken dem bleibenden.

das gebet des tages

milde ist das gebet des tages
wenn die turbulenten kreise
mit den tangenten ringen
um von eck zu eck
im quadrat zu springen

atmen ist das gebet des tages
wenn es kreist und eckt und springt
alles quadratisch denkt
und der atem mit dem atem ringt
braucht es ein gebet des tages.

so oder so

das leben ist
so oder so

heute ein stein
morgen eine blume

übermorgen bin ich
übermorgen

und was ist
übermorgen

ein ozean, ein ich
eine auferstehung

ein gestern
vielleicht auch

so oder so
ist das leben.

hinhalten

erinnerung halten
dem blauen herz

erinnerung sein
dem fragenden ohr

erinnerung bleiben
dem einen atem

ist herz, ohr, atem
hinhalten.

was ist körper?

aus schlichtem gewahrsein
wandelt sich das ungeformte
im auge des betrachtenden
in mannigfaltiges sein

aus einem einzigen wald
werden tausende
rehe, pflanzen, blätter, raupen
zu einem millionenfachen sein

so mannigfachen, millionenfachen
sich ungeformte gedanken
ins unzählbare an fragen, antworten
und sichtbar nachdenklichem sein

um im gesenkten augenlid
erneut sich still zu wandeln
hinein in ungeformte einheit
und schlichtem hineingeborgensein.

lebendig

lebendig das leben leben
denn todlos ist das sein

und wolkenlos der himmel
und die erde

ist aus tod und wolken
gemacht und leben

ist mir anvertraut
in tod und wolken

als formen irdischen seins
und himmel.

der vorüber geht

am fluss küsse ich deine füße
in den wellen flutet das herz
die augen zum himmel

im neigen wachsen
und im wachsen neigen
wie eine weide zum fluss

du gehst vorüber
mich zu berühren und den fluss
der mich trägt in die zeit.

schutzmantel

wie des tänzers anmut
den schauenden umwebt
dein mantel mich –
gleich einem schneekristall
das mehr noch schwebt als fällt

die welt um mich
in stille sanft zu tauchen
mit jedem atemzug
der seele leben
wärme einzuhauchen

so bin ich staunend
des tags, des nachts
in allem wandeln
hält sie mich geborgen
deines mantels kraft.

klungen

gib mir einen ton
hinauf will ich ihn nehmen
in die welt, erklingen lassen
was bittet gehört zu werden
erklungen in einem ton

in einem ton die ganze welt
die ich war, bin, sein werde
geklungen sein werde
hinaufgenommen
bin ich mir deinen ton.

mit dir tanzen meine füße

mit dir tanzen meine füße
tanzen weit, weit in den raum

mit dir tanzen meine füße
tanzen mich als deinen traum

mit dir tanzen meine füße
tanzen weit, weit, weit

dich in mein herz hinein.

hinaufgegangen

ich bin am morgen auf einen berg gegangen
und die sonne ging auf mit mir

ich bin am morgen auf einen berg gegangen
und die vögel erwachten mir mir

es trugen mich meine füße
und meine haut das taufrische gras

es trugen mich hauchzarte wolken
und meinen blick das blaulichte nass

es atmete meine seele
und die strahlen auf meinem gesicht

es atmeten um mich die bäume
und mein antlitz im öffnenden licht

mich hat der morgen auf einen berg getragen
und der tag, der atmete mir.

der garten

ich wanderte in einem garten
der niemals fremd mir war
und doch zum ersten mal
mich einlud hinter seine pforten

staunend mir den atem nahm
und jedes wort im staunen
als zeuge starb
zu arm an zeugnis

ich wanderte in einem garten
den zu beschreiben mir ein gott
niemals verbot – und ich von selbst
nie von ihm zu reden wagte.

nachtwache

wenn der gesang deiner flügel
die erde berührt, bin ich dein
und wenn tau mir am morgen
die füße benetzt, will ich sein

ich wache in der nacht, ich klage
und ich weiß nicht wohin
der morgen ist fern

ich singe dir mein lob, ich danke
und ich weiß nicht wofür
der morgen ist fern

ich atme finsternis, ich harre
und mein glaube erstirbt
die nacht ist nur nacht

ich rufe nach dem tag, ich flehe
und die hoffnung erlischt
die nacht ist nur nacht

vergessen lieg ich hier, verzweifelt
und ich sehne nur noch
den ewigen schlaf

da weckst du mich ganz sacht: steh auf
und erheb deinen blick
die dämmerung naht

wenn der gesang deiner flügel
die erde berührt, bin ich dein
und wenn tau mir am morgen
die füße benetzt, will ich sein.

keine zwischenwelt

bisher lag mein leben in finsternis
bisher führte mein weg durch nebel
und nun haben sie sich aufgelöst
finsternis und nebel
und ich mit ihnen

als ich noch worte hatte
wie: finsternis, nebel, weg, leben
war ich noch
werde ich jemals wieder sein?

innen bleibt die erinnerung
und die sehnsucht
festzuhalten an den worten
an dem, was war

wer hätte gedacht
dass mir finsternis, nebel
geliebte vertraute wären
ohne die ich nicht leben wollte

ich möchte das land mit namen benennen
in dem ich mich befinde:
zwischenland, nirgendwo, anderswelt
doch es gibt keine namen mehr
nicht einmal diese.

tief in der nacht

neugeboren als kind
neugeboren in dunkelheit
neugeboren in kälte und angst

wächst ein same empor
wächst hervor aus dem erdenreich
wächst zum himmel des friedens hinauf

blüht der hoffnung ein tor
blüht als glaube ein lebensweg
blüht gefährten der liebe ein stern

neugeboren bin ich
neugeboren in dunkelheit
neugeboren in kälte und angst

tief in der nacht, tief in der nacht
tief in der nacht bricht es auf
tief in der nacht bricht sich licht.

längst bevor

ich war in ihm
längst bevor
ich seine schmerzen ahnte

leuchtete mir
das geheimnis
meinen weg
den ich nicht gegangen wär
hätt ich ihn gekannt

ich bin in ihm
längst bevor
ich meine schmerzen ahne

vertraute mir
das leuchtende geheimnis
meinen weg zu wagen
von augenblick zu augenblick
braucht es mut

in ihm
und seinen wunden
wie den meinen

werde ich sein in ihm
längst bevor
ich geboren ward.

ohne dich

ich glaube nicht an dich
und stehe trotzdem auf wegen dir
und ich erinnere mich
dass ich nicht an dich glaube
ich erinnere mich deiner

ich erinnere mich deiner nicht
und beginne doch den tag wegen dir
und gehe hinein in den fragen
was das ist, woran ich zweifle
und bin in gedanken bei dir

ich denke nicht an dich
und gehe weiter durch den tag wegen dir
mit den zweifeln der verzweiflung
entzwei im zweisein
bist du und bin ich

ich bin –
so beende ich den tag mit dir
vertraut bist du mir, ICH BIN
in aller leugnung deines seins
lebte ich dich.

umgang mit dämonen

er hat die dämonen
nicht erzogen, nicht dressiert
nicht verbogen

eingeladen hat er sie
begrüßt, willkommen
geheißen beim namen

ernst genommen hat er sie
und ihnen ermöglicht
in eine schweineherde zu fahren.

warum ist das lamm ein hirte

warum muss ich sehen
aufstehen, um zu fallen
und fallen, um aufzustehen
warum nicht liegen bleiben am boden
der trägt und hält

wenn jeder tag neu ist
warum bleibt die liebe
wenn jeder tag neu ist
warum bleibt die angst

warum gibt es noch licht
wenn das licht stirbt
warum ist ein lamm
unser hirte.

jeden tag

jeden tag
wirfst du mich hinauf und wieder
hinunter, splitterfasernackt
stehe ich vor dir – was
willst du noch mehr?

dass ich dich verleugne, sage:
ich kenne dich nicht, nie
dir begegnet, nie von dir gehört
du weißt, dass ich das kann
jeden tag

wie konnte durch mich geboren werden
ein bund, ein zeugnis, an jenem einen tag
auf dass ich geboren ward

jeden tag
dich nicht zu verleugnen
versprach ich und die zweifel
nicht länger hinauszuschreien
auch nicht die absage an dich

und du? – gibst mir dein geheimnis
nicht preis, nur rätsel auf
und dieses unwiderstehliche
drängen, dieses weiterdrängen
jeden tag.

rede mit mir!

wo ist ein barmherziger mensch?
vor zweitausend jahren habe ich mich erhängt
und darf nicht auferstehen

warum fluchen sie noch immer meinem namen?
ich muss in finsternis bleiben
und darf nicht auferstehen

    vor zweitausend jahren
    habe ich dich geliebt
    und ich liebe dich noch immer

    vor zweitausend jahren
    war ich eins mit dir
    und ich bin eins mit dir noch immer

was heißt das schon?
du darfst den himmel sehen
und ich darf nicht auferstehen

    du hast dich einmal erhängt
    und mich mit dir
    sie erhängen dich noch immer
    und mich mit dir

    solange sie deinem namen fluchen
    fluchen sie mir
    und auch ich darf nicht auferstehen.

nach der auferstehung

als offenes grab
das gähnende loch
in der brust

wohin mit dem herz
das seiner bestimmung
noch immer schlägt

du wirst aufstehen
und hinhalten müssen
ohnmacht und schmerz

dem nächsten, der fragt
nach wohin, nach herzschlag
und bestimmung.

ich höre die bitten noch heute

ich weiß nicht mehr, wer wen hetzte
die worte dich oder du die worte
ich weiß aber noch, wie du den leib christi
von dir warfst, in die wartenden hände

dein eigenes kreuz war last genug
für zwei kaputte flügel
erst die fürbitten zeigten, nicht nur die flügel
jeder deiner knochen war entzwei

und ich höre die bitten noch heute:

für alle gebrochenen
für die, die ihr leben beenden
für die missbrauchten unter den priestern

und mein gefrorenes blut
sah dich dreifaltig:
gebrochen, verendet, missbraucht

und ich begriff, warum du hinausranntest
als du ausziehen durftest
aus dieser dreieinigen kirche
und ihren gläubigern darin

und ich höre die bitten noch heute.

auf-recht-stehen

aufrecht stehen, simon
bereit sein, sich hinzugeben
vollkommen, einzustehen
für das einzige herz
das keine härte kennt

nicht länger jesu verraten
nicht leugnen, nicht grenzenziehen
nicht halbwahrheiten
sondern einstehen für den einen
lehrer, der den himmel bezeugt

frei sein und unbefangen
wahrhaftig das leben hinhalten
das sterben zulassen, den tod
und die auferstehung
des einzigen herzens

keine gemeinschaft schützen
welche angst bezeugt
welche die kälte nährt
und das tränenmeer
der wahrhaft liebenden

weder das blutbad mittragen
und den tötenden heil singen
noch den frost zulassen
welcher die herzen erfriert
und jesus verkauft.

unkariert

du hast dein leben
auf kariertes papier gemalt
wie jede deiner schwestern
nur manchmal flüchtet die eine
hinaus über die streifen
quer und längs in den alkohol
die andere hat das reden aufgegeben
die dritte das schweigen

in kleinen schubladen eines sekretärs
aus einheit und ordnung
hat mein gesang keinen platz
der hinaus sich schwingt
über die zeiteinheiten
zwischen gebet und wieder gebet
der schwestern, der eilenden
hin ins chorgestühl

und zwischen den linien
zwischen den kästchen
zwischen den schwestern
den geordnet eilenden
zwischen den räumen
klingt längst das niemals
wahrnehmbare der zwischenzeiten
aus geist, unkariert heiligem.

inmitten von lärm

wach zu sein
ohne neugierig zu werden

offen zu bleiben
ohne wissen zu wollen

das treiben zuzulassen
ohne anzutreiben
ohne abzutreiben
ohne mitzutreiben
inmitten des lärmgetriebes

wie schwer ist dieses
bleiben und wachen

und offen dem ohr
sich hinzuneigen.

ein lebensgesetz

das gesetz des lebens
das gesetz des universums
das gesetz gottes
setzt voraus

dass in vertrauen und liebe
das herz sich weitet
der atem frei strömt
und das denken still schaut

dass in angst und zweifel
das herz stehen bleibt
sich die kehle zuschnürt
und das denken hin und her rast

das gesetz des universums
bietet in offenen händen
liebe und angst
und dem menschen die wahl

in weite zu atmen, zu schauen
das leben strömen zu lassen
oder aber hin und her zu rasen
inmitten enger herzräume

das gesetz des lebens
ist ein gesetz der wahl
ein gesetz der veränderung
ein gesetz des menschseins.

da sein

auch dein dasein
wird anderen zum geschenk

wenn du bei dir bist
einfach da bist

bist du einladung
und geschenk des daseins.

kleines licht

kleines licht
öffne uns die augen
die flammen zu sehen
in allen herzen

in allem, was wir nicht mögen
vermögen zu sehen
öffne uns die herzen
die herrlichkeit zu schauen

die jedes abflussrohr
und jeden pfirsichbaum
zum licht werden lässt
das in uns auf uns wartet

als kleines großes licht

auch wenn wir es nicht sehen
reicht es, uns einander zu erinnern
und beim namen zu nennen:
dich, kleines licht

und schon bist du da
im nennen, im namen
im erinnern des inneren
sind wir, was wir sind

kleines großes licht.

tiefer als zuvor

wie kann ich danken, ich weiß nicht wofür
mein herz neigt sich tiefer als zuvor

für das treiben in der stadt
das lachen und das tränen hat
für den himmel, der mich sieht
und des bettlers lieblingslied

für das warten im verkehr
dass ich endlich einmal hör'
das tiefe knurren aus dem bauch
weil ich eine pause brauch'

für das glitzern im asphalt
für das gras im mauerspalt
und das unter meinem fuß
für der erde warmen gruß

für den alten apfelbaum
und das loch im gartenzaun
das hindurch mich schlüpfen lässt
für ein kleines apfelfest

für die stille in der nacht
für den mond, der mit mir wacht
für die hand, die meine hält
und das zirpen dieser welt

für den schlaf, der mich umfängt
der meine sorgen niedersenkt
wenn die glieder müd' erschlafft
wieder stärkt mit neuer kraft

wie kann ich danken, ich weiß nicht wofür
mein herz neigt sich tiefer als zuvor

tiefer als zuvor.

singen

singen will ich
loben den schmerz

singen will ich
loben die tränen

singen will ich
loben die angst

singen will ich
solange die kehle singt

bis erneut sie sprachlos verdorrt
taubheit hat keinen gesang

singen will ich

dem schmerz, den tränen
der angst, der lebendigkeit.

behutsam

dir die hand reichen
offen für jeden schmerz

dir die wange halten
offen für jede träne

dir ein atem sein
offen für angst und not

dir den weg leuchten
offen für jede dunkelheit

behutsam
uns ein licht sein
in schmerz und tränen
und atemlosigkeit

behutsam
den weg mitgehen
schritt für schritt
durch alle dunkelheit.

meer der seele

weiße segel ruft das meer
in wehen neigt sich das land
kein kompass, kein ziel, kein norden
ich werde bei dir sein, wenn du mich rufst

fische spielen, die sonne
und wind in haut und haar
kein warten, kein sinn, kein sehnen
ich werde bei dir sein, wenn du mich rufst

die wellen singem mich
spielen mein, ihr lied
ist helles lachen leben
bin ich frei
und wogen heben
mich empor zu dir
du meer meiner seele
ich bin eins, bin frei, bin dein

die brise tanzt mit den stürmen
zärtlich die haut in der nacht
ein flüstern umfasst das schweigen
wenn du mich rufst

und flügelschlag ist nur mehr gleiten
ein kuss aus einem blau
die nacht geht, der morgen erwacht
wenn du mich rufst

die wellen singen mich
spielen mein, ihr lied
ist helles lachen leben
bin ich frei
und wogen heben
mich empor zu dir
du meer meiner seele
ich bin eins, bin frei, bin dein

rufe mich, meer der seele
rufe, führe, geleite mich
durch alle zeiten, fragen, tränen
sei mir mut.

sonne atmen

den blauen flüssen
atme ich sonne
wohin das herz auch zieht
es ist frei

den wolken geneigt
ist das antlitz der birken
und die rinde
hellt mir das leben

von den jahren
bleiben die vögel
treu in den bäumen
der seele

das hellblaue gewand
der hohen wandert
mit den sternen
des orions

ich lege die stirn
zu den füßen der häupter
verneige mich hinauf
und atme

atme den himmel der hellen
der gewänder aus blau
und dem antlitz der flüsse
atme und atme

und bin frei.

es klopft

es klopft an der tür
und es öffnet sich
ein gewahrsein

frei schenkt sich
der stille geist
des bleibenden

frei schenkt sich
die sanfte gestalt
des hingeneigten

frei schenkt sich
das lauschende herz
des gegenwärtigen

das klopfen
empfängt stille
und wartenkönnen.

ausklang

ich bin ein gebet

ich bin ein gebet
hingegeben an das leben

ich bin leben
hingegeben an die wachheit

ich bin wachheit
hingegeben an die klarheit

ich bin klarheit
hingegeben an das eine licht

ich bin licht
hingegeben an den himmel

ich bin himmel
hingegeben an die erde

ich bin erde
hingegeben als gebet.